COLLEGIUM VETERANORUM
AEDES SACRAE FACULTATIS

Collegium Veteranorum
Aedes Sacrae Facultatis

Bij de inwijding van het Veteranencollege,
Faculteit Godgeleerdheid, K.U. Leuven
1 juli 2009

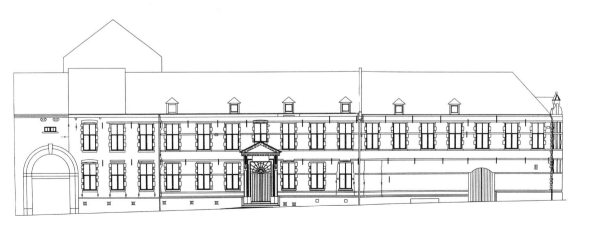

Woord vooraf

Op 1 juli 2009 wordt het gerestaureerde *Collegium Veteranorum* plechtig geopend. Na meer dan dertig jaar krijgt de Faculteit Godgeleerdheid opnieuw een vooraanzicht, een voordeur, een werkplek en ontmoetingsplaats. Zoals voorheen herbergt het plechtstatige Veteranencollege de kantoren van de decaan, de vicedecanen en de administratie. Ook de studentenbegeleiding heeft er zijn hoofdkwartier, naast de informatici en medewerkers van Thomas en de lerarenopleiding. Verscheidene contact- en vergaderfaciliteiten zijn eveneens voorzien. De Faculteit Godgeleerdheid komt eindelijk opnieuw thuis.

De restauratie van het *Collegium Veteranorum* heeft immers een lange voorgeschiedenis gekend. Bij de start van de nieuwe Nederlandstalige Theologische Faculteit in 1969 werden het decanaat en secretariaat in het gebouw gevestigd, maar in 1977 diende de facultaire administratie wegens de staat van het gebouw elders een onderkomen te zoeken. Ondertussen had de eerste decaan Frans Neirynck reeds in 1970 in een prospectie voor de materiële uitbouw van de Faculteit, naast de oprichting van een faculteitsbibliotheek, de restauratie van het Veteranencollege uitdrukkelijk als desideratum vermeld. Academisch bibliothecaris Maurits Sabbe ontpopte zich al gauw als de drijvende kracht achter dit restauratieproject. Zijn inspanningen werden door velen voortgezet, onder anderen door de decanen Marc Vervenne en vooral Mathijs Lamberigts. In hun niet aflatende poging om de restauratie telkens opnieuw bij de universitaire overheden aan te kaarten, vonden zij bondgenoten in algemeen beheerder Vic Goedseels en Piet Phlips (Directie Technische Diensten), met de steun van rector André Oosterlinck. In de laatste fase, onder rector Marc Vervenne, werd voor de opvolging gezorgd door directeur Technische Diensten Stefaan Saeys, hierbij gesteund door algemeen beheerder Koenraad Debackere. Uiteindelijk zijn hun inspanningen ruimschoots beloond. De restauratie gebeurde onder leiding van de architecten Paul van Aerschot en Zeljka Knezevic. Het is in dankbaarheid tegenover hen en allen die bij deze restauratie betrokken zijn geweest, dat de Faculteit er opnieuw haar intrek neemt.

Op de gedenksteen, onthuld bij gelegenheid van de heropening, prijken de woorden Ἐν τῇ οἰκίᾳ τοῦ πατρός μου μοναὶ πολλαί εἰσιν (Jo 14,2): "In het huis van mijn Vader zijn vele kamers". Dit opschrift is niet zomaar gekozen, maar beoogt gestalte te geven aan wat de Faculteit in haar leven, werk en profiel wil uitstralen. Ze wil een plaats zijn waar studenten, onderzoekers en personeelsleden, van waar ook ter wereld en van welke gezindte ook, welkom zijn. Ze beoogt een theologie en religiestudie die zich niet in zichzelf opsluiten maar pro-actief deelnemen aan de dynamiek die zich ontwikkelt op het kruispunt van universiteit, geloofsgemeenschap en samenleving. Wij beschouwen diversiteit en verschil, zowel in opvatting als discipline, niet als bedreiging maar als uitdagende verrijking voor ons nadenken over identiteit en samenleven. Alleen een theologie die, vertrouwend op haar eigen kracht en verankerd in haar traditie en gemeenschap, de dialoog aangaat met andere godsdiensten en overtuigingen, disciplines en denkstromingen, zal in staat zijn haar eeuwenoude taak om tot actueel geloofsverstaan te komen – *fides quaerens intellectum* – vandaag waar te maken.

Tegelijk verwoordt dit opschrift de inspiratie van waaruit de Faculteit deze opdracht vervult. Ze staat immers in een zich steeds opnieuw vernieuwende openbaringsgeschiedenis, een geschiedenis van God met mensen, vandaag onaf, maar uitstaand op eschatologische voltooiing. Het is in deze traditie dat de Faculteit haar theologische project inschrijft, geleerd uit het verleden, in dialoog met het heden, gericht op de toekomst. Het is haar 'vreugde en hoop' nu reeds mee te werken aan het zichtbaar worden van het huis van de Vader – een huis met vele kamers, waar ruimte is voor velen. We hopen dat het betrekken van het vernieuwde *Collegium Veteranorum*, een plaats waar theologen al eeuwen thuis zijn, dit project en deze inspiratie mag versterken.

Om de gebeurtenis van de heropening te markeren, besliste de Faculteit om een boekje uit te geven waarin de geschiedenis van het Veteranencollege verhaald wordt. Op treffende wijze illustreert het het wedervaren van de Theologische Faculteit doorheen de eeuwen.

Niemand minder dan historicus Jan Roegiers heeft de tekst ervan voor zijn rekening genomen. We zijn hem hier uitzonderlijk dankbaar voor. Zijn tekst wordt vergezeld van goed uitgekozen plannen, tekeningen en foto's uit universitaire en facultaire collecties. Onze dankbaarheid geldt daarom zeker ook Leo Kenis en zijn medewerkers voor de inhoudelijk-technische afwerking en uiteraard de Uitgeverij Peeters voor de verzorgde publicatie.

1 juli 2009   Lieven Boeve
                                                    Decaan

Het jongste college van de Oude Universiteit
Het Veteranencollege

Jan Roegiers

De naam doet veeleer militair aan, meer dan academisch: *Collegium Veteranorum*, Veteranencollege. Niemand denkt daarbij spontaan aan theologie of pastoraal, alhoewel de naam alles ermee te maken heeft. Om uit te leggen wat de instelling was die in 1778 zo werd gedoopt, waarom ze op die plek werd gevestigd en waar de gebouwen vandaan kwamen waarin ze werd ondergebracht, is een lang verhaal nodig. Het hele bouwblok waarvan het huidige collegegebouw deel uitmaakt dient daarbij betrokken te worden en het verhaal moet reeds in de zestiende eeuw beginnen.

In 1779-1780 werd een monumentale hoofdingang aan het Veteranencollege toegevoegd. Toestand na de restauratie.

Foto L. Knapen

Residentie voor een meier en een kardinaal

's Meiersstraat verbond oorspronkelijk de Muntstraat met de Proost-straat, de huidige Naamsestraat. Het Hogeschoolplein werd pas aange-legd aan het begin van de negentiende eeuw na de afbraak van de pedagogie Het Varken en het Standonckcollege en wat nu Sint-Michiels-straat heet werd niet als een afzonderlijke straat beschouwd. De straat, oorspronkelijk *Oude Muntstraat*, ontleende haar nieuwe naam aan een machtig heerschap, Lodewijk Pynnock (ca. 1435-1504), meier van Leuven en dus vertegenwoordiger van het vorstelijk gezag in de stad. Hij bezat in die straat een zeer ruime stadswoning, die met de bijge-bouwen en hovingen zowat het hele terrein van het huidige Paus-college, Maria-Theresiacollege en Veteranencollege in beslag nam. Tijdens de woelige jaren van het laatste kwart van de vijftiende eeuw was Pynnock een van de belangrijkste medewerkers in Brabant van aartshertog, nadien keizer, Maximiliaan. In zijn luxueus ingerichte verblijf ontving de meier de bisschop van Luik, de hertog van Kleef,

Kardinaal Willem van Croy (1498-1521) bewoonde als student aan de Universiteit het Hof van Chièvres. Kopergravure door Jacques de Bye, ca. 1606-1612.

Universiteitsarchief K.U.Leuven, Arenbergarchief 2405

ILLVS. ET REVEREND. PRINCE GVILLIAVME DE CROY, *Filz dud! Henry, Cardinal du tiltre S! Marie in Aquino, Archieuesg. de Tolede, Primat des Espaignes, Chancellier du Royaume de Castille, Euesque et Duc de Cambray, Prince du S! Empire, Conte de Cambrezies, Abbé d'Afleghem.*

Mort en la ville Imperialle de Wormes en Allemaigne, ches l'Empereur Charles V. le 6. de Ianuier 1521. Gist au Cloistre des Celestins a Heuerle.

de aartsbisschoppen van Mainz en Trier, de hertog van Beieren, aarts-hertog Maximiliaan en wellicht zelfs diens vader, keizer Frederik III.

Na 1495 raakte de fastueus levende meier echter in financiële problemen en was hij verplicht sommige bezittingen van de hand te doen. Drie huizen langs 's Meiersstraat die hoorden bij zijn residentie verkocht Sire Pynnock in 1502 aan Adriaan van Utrecht, hoogleraar in de theologie. Hiermee legde deze de grondslag voor wat het domein zou worden van het Pauscollege. Na de dood van de meier werd zijn woning met het grootste deel van het domein aangekocht door Willem van Croy (1458-1521), heer van Chièvres en van Aarschot, zowat de machtigste edelman aan het hof van Filips de Schone die een grote rol zou spelen in de opvoeding van de toekomstige keizer Karel V, de man ook die het kasteel van Heverlee zijn huidige vorm gaf en bij testament het nabijgelegen celestijnenklooster stichtte. Het *Hof van Chièvres*, zoals het voortaan heette, diende hem als Leuvense stadsresidentie. Blijkbaar werd het toen of nadien opgedeeld in twee wooncomplexen; het deel dat tot de Prooststraat reikte kreeg de naam *Hof van Aarschot*. In het Hof van Chièvres verbleef vele jaren de neef van de eigenaar, ook een Willem van Croy (1498-1521). Dank zij de voorspraak van machtige familieleden was deze op achttienjarige leeftijd tot bisschop van Kamerijk en binnen het jaar tevens tot kardinaal benoemd. Nog in 1517 promoveerde hij tot aartsbisschop van Toledo en primaat van Spanje. Daarbovenop werd hij nog abt van Sint-Baafs te Gent en van Affligem. Wegens zijn jonge leeftijd kon hij de wijdingen nog niet ontvangen. Hij werd beschouwd als student aan de universiteit waar hij in 1511 was ingeschreven. Vanaf 1517 fungeerde de Spaanse humanist Juan Luis Vives als zijn preceptor en mogelijk verbleef Vives een tijd in hetzelfde huis als zijn hoge leerling. Ook Erasmus was in goeden doen met de jonge kardinaal, kwam bij hem op bezoek en kreeg bij een tegenbezoek de kans om hem zijn bibliotheek te tonen.

Oom en neef Willem van Croy overleden beiden tijdens de Rijksdag van Worms, waar de kardinaal de confrontatie met Luther niet meer meemaakte. Het Hof van Aarschot in 's Meiersstraat kwam in handen van andere leden van het geslacht Croy, dat ook verder in de zestiende-eeuwse politiek een eersterangsrol speelde. Het Huis van Chièvres werd mettertijd eigendom van Joris van Schoonhoven. In 1595-1596 werden zowel het Hof van Aarschot als het Huis van Chièvres aangekocht door de Leuvense jezuïeten.

Jezuïeten te Leuven

Reeds in 1542, twee jaar na de goedkeuring van de ordestichting, had een groepje Spaanse jezuïeten zich te Leuven gevestigd. Wegens de oorlog tussen Karel V en de koning van Frankrijk hadden ze Parijs, waar ze aan de universiteit studeerden, moeten verlaten. Ze werden goed onthaald door Ruard Tapper en andere leden van de Theologische Faculteit en bewoonden een huis in de Minderbroedersstraat, de eerste vestiging van de nieuwe orde in de Nederlanden. In 1549 verhuisden ze naar de Nieuwstraat (thans L. Vanderkelenstraat) en in 1557 naar de Backeleynestraat (thans V. Decosterstraat). In enkele jaren verwierven ze er een tiental huizen die ze verbouwden tot een residentie voor een twintigtal confraters, met alles wat nodig was voor een studiehuis, zoals een bibliotheek en een kapel.

Deze definitieve vestiging verliep niet zonder slag of stoot. Reeds in 1551 ontstonden wrijvingen met de universiteit omdat de paters rekruteerden onder de studenten en hen dan doorstuurden naar Italiaanse, Spaanse of Portugese huizen. Tegen de officiële erkenning van de Leuvense stichting werd geageerd door leden van de overige orden en de stadsmagistraat die vonden dat Leuven al genoeg kloosters telde. Pas in 1565 waren alle problemen van de baan, mede dank zij de steun van de theologieprofessoren Joost Ravesteyn, Martinus Rythovius, Jan Hessels, Michael Baius, Cornelius Jansenius (nadien eerste bisschop van Gent) en Cunerus Petri. In 1569 werd het noviciaat voor de Nederlanden uit Leuven overgebracht naar Doornik, terwijl het Leuvense college werd ingericht als provinciaal studiehuis voor filosofie en theologie. De colleges in de theologie werden opengesteld voor buitenstaanders; verscheidene studenten van de Theologische Faculteit kwamen de lessen volgen, vooral na de instelling van een college pastoraaltheologie. De paters maakten zich verdienstelijk in de pastoraal onder de studenten en verwierven een goede faam als predikanten, vooral na de aankomst in 1569 van Roberto Bellarmino. Tot zijn vertrek in 1576 doceerde hij ook, met groot succes, een cursus in de theologie. Het publieke onderwijs van de jezuïeten viel echter niet bij iedereen in de smaak. In 1566 en 1583 weigerde de universiteit in te gaan op de vraag van de jezuïeten om hun onderwijs als universitair erkend te zien en hun studenten de academische graden te verlenen. De academici beriepen zich op hun monopolie voor hoger onderwijs in de Nederlanden dat formeel door Karel V was erkend.

In 1587 kwam het tot een open conflict tussen de Faculteit en de jezuïetenprofessoren Leonardus Lessius (1554-1623) en Johannes Hamelius (1554-1589). Ze irriteerden de faculteit enerzijds omdat ze in hun publieke colleges suggereerden dat de stellingen van Michael Baius,

Lessius' eigen versie van het conflict met de Leuvense Faculteit Theologie. Autograaf, ca. 1588. Het document kwam na de opheffing van de Sociëteit in 1773 terecht in de universitaire collecties.

Universiteitsarchief K.U.Leuven, Oude Universiteit, fonds Gent, 97

die in 1567 en 1580 waren veroordeeld te Rome, nog steeds werden onderwezen aan de Faculteit, en anderzijds omdat ze in hun eigen onderwijs stellingen verdedigden die ingingen tegen de augustiniaanse genadeleer die aan de Faculteit, ook door de tegenstanders van Baius, werd gedoceerd. Dat leidde tot twisten onder de studenten, waarvan de enen partij kozen voor de jezuïeten en anderen voor de Faculteit. De onenigheid leidde tot een formele veroordeling door de theologen van 34 stellingen van Lessius en Hamelius over de genadeleer en de inspiratie van de Schrift. De Theologische Faculteit van Douai sloot zich aan bij deze censuur en ook de aartsbisschoppen van Mechelen en Kamerijk en sommige van hun suffraganen. Na veel verwijten over en weer legde de nuntius beide partijen het zwijgen op en reserveerde de beslissing voor Rome – die er nooit is gekomen.

Nieuwe conflictstof ontstond toen Laevinus Torrentius (1525-1595), bisschop van Antwerpen, het jaar voor zijn dood besliste zijn aanzienlijk fortuin na te laten aan de Leuvense jezuïeten. Het was bestemd voor het organiseren van een universitair college voor studenten in de filosofie dat onder leiding zou staan van de paters. Het project botste op felle weerstand binnen de universiteit waar de vier pedagogieën van de Artesfaculteit de komst van een concurrent moeilijk konden aanvaarden. Pogingen om de twee partijen tot een akkoord te brengen mislukten omdat de jezuïeten weigerden het gezag van de universiteit over het nieuwe college en zijn professoren te aanvaarden. Met de steun van de Geheime Raad hadden de jezuïeten in 1595 het onderwijs reeds aangevat, maar een formeel verbod van paus Clemens VIII en de generaal van de orde verplichtte hen in 1596 de plannen op te bergen. De generaal had reeds eerder laten blijken dat hij een conflict met de universiteit wilde vermijden en het lobbywerk in Rome van de Alma Mater had het gewenste effect gehad.

Jezuïeten versus theologen

De verhuizing van het Leuvense jezuïetencollege naar de nieuwe locatie moet gezien worden binnen dit kader. Het legaat van Torrentius verschafte hun de nodige middelen voor een grote operatie, op het ogenblik dat de vastgoedprijzen laag waren en Leuven zich nog niet helemaal hersteld had van de burgeroorlog en de pest van 1578. Het overlijden van hertog Filips III van Croy (1526-1595) en de erfenisverdeling die daaruit volgde, vergemakkelijkte de transacties. De paters kochten het Hof van Schoonhoven, dat in de 's Meiersstraat paalde aan het Pauscollege en waarvan de tuin doorliep tot de Kattestraat (thans Beriotstraat), het ernaast gelegen Hof van Aarschot met alle bijgebouwen en de grote tuin die doorliep achter het Koningscollege, en het Hof van Sestich in de Kattestraat. Met de aankoop van nog enkele aanpalende huizen en van het Craendonckcollege (gelegen tussen het Hof van Schoonhoven en het Hof van Aarschot) erbij verwierven ze het hele blok begrensd door 's Meiersstraat, Prooststraat en Kattestraat, met uitzondering van het domein van het Koningscollege. Uit de nauwe en in het lagere deel van de stad gelegen Backeleynestraat, aan de rand van het stadscentrum, konden de jezuïeten verhuizen naar het hoogst gelegen deel van de stad, heel centraal gelegen, midden tussen de woningen van de meest vooraanstaande Leuvense families en de belangrijkste universitaire colleges. De uitgestrektheid van hun nieuwe domein getuigde van grote ambities. De bestaande gebouwen werden in de volgende jaren aangepast aan de nieuwe bestemming. Het deel van het Hof van Aarschot aan de Prooststraat werd verbouwd tot kapel. Een nieuwe vleugel langs de Kattestraat bood onderdak aan de klaslokalen voor filosofie en theologie. Tussen 1650 en 1666 werd de kapel vervangen door een zeer ruime barokkerk, gebouwd naar een ontwerp van broeder Willem van Hees en toegewijd aan de Onbevlekte Ontvangenis.

Voortaan waren de jezuïeten de buren van de belangrijkste colleges voor studenten van de Theologische Faculteit. De relaties tussen de paters en de Universiteit bleven gespannen. In 1612 trachtten de jezuïeten publiek onderwijs in de filosofie te organiseren te Luik. De Universiteit bekeek dit als een eerste stap van de orde om op eigen gezag (en krachtens pauselijke privileges) academische graden te verlenen en studenten uit Leuven weg te lokken. Doelgerichte politieke interventie verijdelde dit plan. Vanaf 1622 poogden de jezuïeten te Leuven een humanioracollege te openen, met de bedoeling daarbij een filosofische

COLEGIUM SOSIETATIS IES

R. Blokhuysen. Fecit.

Gezicht op het Leuvense jezuïetencollege, ca. 1700. Haaks op de vleugel aan de straatzijde ziet men de oude gebouwen van het Hof van Chièvres en nieuwe delen die door de jezuïeten in de 17de eeuw werden toegevoegd. De koepel die de viering van de kerk moest bekronen werd nooit gebouwd. Kopergravure door Renier Blockhuyzen uit A. Sanderus, *Chorographia sacra Brabantiae*, Den Haag, 1726-1727.

K.U.Leuven, Maurits Sabbebibliotheek

opleiding te laten aansluiten. In augustus 1624 werden de leergangen met grote plechtigheid geopend. De Universiteit stuurde de theologie-professor Cornelius Jansenius (1585-1638), de toekomstige bisschop van Ieper, naar Madrid om er de zaak van de Universiteit te bepleiten. Prompt verkreeg die een koninklijk bevel dat de jezuïeten gebood hun pogingen stop te zetten. Het jaar daarop echter gaf Filips IV hun de toelating om een buitengewone leerstoel in de theologie aan de universiteit op te richten. De universitairen beschouwden dit als een eerste poging van de Sociëteit om in de universiteit te infiltreren en vreesden dat daardoor op termijn de seculiere geestelijkheid zou worden verdreven uit de Artesfaculteit en de Theologie, zoals in de Duitse universiteiten was gebeurd. Jansenius werd andermaal naar Madrid gezonden en verkreeg er dat de buitengewone leerstoel maar werd toegestaan op voorwaarde dat de jezuïeten formeel verzaakten aan de organisatie van een volledige leergang in de filosofie en theologie, een voorwaarde die ze weigerden te aanvaarden. Jansenius ging ook aan de universiteiten van Salamanca, Alcalá en Valladolid de bezwaren van zijn universiteit tegen het optreden van de Sociëteit uiteenzetten, met de bedoeling om een internationale samenwerking tegen de jezuïetenplannen tot stand te brengen.

De revanche van de jezuïeten kwam in 1640, na de postume publicatie van Jansenius' *Augustinus*, bedoeld als een synthese van de genadeleer van de antieke kerkvader om daarmee een definitief antwoord te bieden op de vragen over de genadeleer waarover de twee theologische scholen, in Spanje evenzeer als in de Nederlanden, grondig van mening verschilden. De paters van het Leuvense college stelden Jansenius' werk voor als de bevestiging van de veroordeelde dwalingen van Baius, nauwelijks verschillend van de leer van Luther en Calvijn. Ze mobiliseerden hun confraters in Frankrijk en Rome en wisten met een zeer handig georchestreerde campagne te Rome eerst een verbod en tenslotte een veroordeling van Jansenius' boek te verkrijgen. De meeste collega's van Jansenius aan de Theologische Faculteit, aartsbisschop Jacob Boonen, de bisschop van Gent Antoon Triest, de norbertijnen en andere regulieren, namen de verdediging van Jansenius op zich, werden al snel als *jansenisten* getaxeerd en werden op hun beurt slachtoffer van Romeinse maatregelen.

Het is hier niet de plaats om in te gaan op het verdere verloop van de felle controverse die bijna een eeuw lang de relatie tussen de twee scholen zou tekenen. De hoofdkwartieren van de twee partijen die zich hadden gevormd paalden aan elkaar: het Pauscollege en het jezuïetencollege. Ook nadat de laatste Leuvense theologen zich tegen 1730 hadden onderworpen aan alle antijansenistische decreten bleven de betrekkingen zeer koel. De theologen hielden vast aan hun augustiniaanse stellingen die nooit veroordeeld werden; de jezuïeten verweten hen nog midden achttiende eeuw dat hun onderwerping maar schijn was.

Voorstel voor een nieuw college

Met een dergelijke voorgeschiedenis valt het te begrijpen dat geen enkele van de Leuvense theologen een traan liet toen in 1773 het bericht kwam dat paus Clemens XIV met de breve *Dominus ac Redemptor* van 21 juli de jezuïetenorde had opgeheven en aan de katholieke vorsten de taak liet om deze opheffing in hun gebied door te voeren. In de Oostenrijkse Nederlanden werden de jezuïeten strenger behandeld dan in de meeste andere landen. Het *Comité jésuitique* dat met de uitvoering van de opheffing werd belast, behandelde de ordeleden ongeveer als staatsvijanden en sloot hen uit van elke opdracht in de zielzorg of het onderwijs. Voor de Brusselse regering betekende de sluiting van de jezuïetencolleges de gedroomde gelegenheid voor een algemene hervorming van het secundair onderwijs.

Te Leuven bleken de faculteiten van de Artes en de Theologie vlot bereid om mee te werken aan de regeringsplannen. De meest actieve onder de theologieprofessoren, J.T.J. Wellens, diende daarbij als contactpersoon en zorgde ervoor dat onder de ouderejaarsstudenten voor de gewezen jezuïetencolleges van Halle, Marche en Luxemburg leerkrachten werden gevonden die daar voorlopig het onderwijs konden voortzetten. Toen beslist werd de bibliotheken van de jezuïetencolleges op veilingen van de hand te doen, verleende de Leuvense bibliothecaris en theologieprofessor Jan Frans van de Velde zijn volle medewerking aan

de organisatie van de Leuvense veiling en het opstellen en drukken van
de catalogus ervoor. Hij maakte van de gelegenheid gebruik om voor
de universitaire collecties de hand te leggen op Lessius' dossier met
betrekking tot de censuur van 1587 en op het archief van het geheim
antijansenistisch genootschap dat in 1679 door de Leuvense jezuïeten
was opgericht om internationaal de actie te coördineren. En voor aankopen op de jezuïetenveilingen ten bate van de Universiteitsbibliotheek
bedong hij een vermindering van een derde op de toeslagprijs.

De sluiting van het Leuvense jezuïetencollege door een regerings-
commissaris vond plaats op 20 september 1773. Sindsdien stonden de
ruime gebouwen van het college en de fraaie kerk leeg. De nalaten-

schap van hun oude vijanden leek de theologen een begerenswaardig bezit dat nuttig gebruikt zou kunnen worden. Twee maanden na de opheffing deden zij in de Universiteitsraad het voorstel om de regering te vragen het hele complex en alle andere goederen van de Leuvense jezuïeten aan de Universiteit te schenken voor de vestiging en de dotatie van een college waar veertig tot vijftig *theologos veteranos seu extra cursus*, afgestudeerden van de Faculteit, zouden kunnen worden gehuisvest. In de vroegere jezuïetenkerk zouden die een aantal pastorale taken die typisch waren voor de jezuïeten, zoals het biechthoren, en de vele verplichtingen voor missen en jaargetijden waartoe de jezuïeten verplicht waren, kunnen opnemen; daarnaast zouden ze de pastoors van de stad en de omgeving kunnen bijspringen waar nodig.

Het loont de moeite om de argumenten weer te geven waarmee de theologen hun voorstel ondersteunden. Een eerste reeks betrof de diensten die de voormalige jezuïeten te Leuven hadden bewezen, als biechtvaders, catechisten en predikanten in hun eigen kerk, elders in de stad en op de buitenparochies. Voortaan moesten de bedelorden daarvoor zorgen, maar het aantal leden daarvan ging snel in dalende lijn. De meeste nadruk in het pleidooi werd echter gelegd op de moeilijke bestaansvoorwaarden van vele afgestudeerde theologanten. Na zeven jaar aan de universiteit verloren die hun studiebeurs. Wilden ze in aanmerking komen voor een benoeming krachtens de universitaire privileges, dan waren ze verplicht in Leuven te blijven wonen. De Universiteit en de Artesfaculteit mochten immers krachtens pauselijke privileges een aantal afgestudeerden benoemen tot kanunnik of pastoor in het hele land en in het prinsbisdom Luik, maar zoals alle academische privileges waren ook deze enkel van toepassing op de residerende leden van de universiteit. De theologieprofessoren hingen in hun argumentatie een zeer somber beeld op van de situatie waarin vele alumni terechtkwamen. Om in hun levensonderhoud te voorzien, aanvaardden zij om het even welke soort werk, ook wat moeilijk met hun priesterlijke staat te verzoenen was. Velen bleven slechts gedurende de voor residentie strikt noodzakelijke tijd van zes maanden per jaar te Leuven en trokken de rest van de tijd naar hun familie. Slechts weinigen deden nog enige inspanning om zich wetenschappelijk of pastoraal verder te bekwamen. Buiten de colleges, waarvan de meeste reeds overvol zaten, was geen enkele vorm van toezicht die dat zou kunnen verhelpen mogelijk.

Wat de theologen niet expliciet vermeldden is dat de benoemingsprivileges de belangrijkste rekruteringsbasis voor de Theologische Faculteit vormden. In een situatie waar priesteroverschot veeleer toedan afnam, vooral door de groeiende rekrutering van de bisschoppelijke seminaries, kwamen deze privileges onder zware druk te staan. Om ze te verdedigen was een voldoende aanbod van geschikte en goed gevormde kandidaten nodig. Het belangrijkste bezwaar dat tegen de universitair geschoolde priesters werd gemaakt was dat ze misschien wel voldoende geleerd waren, maar te weinig gevormd voor het eigenlijke pastorale werk. Het voorgestelde college zou kunnen zorgen voor de nodige pastorale bijscholing en ervaring.

Het collegeplan werd blijkbaar opgesteld en verdedigd door twee professoren van de Theologische Faculteit die ongetwijfeld de meest actieve leden van de hele groep waren, goede vrienden die ook in andere omstandigheden nauw hadden samengewerkt, Jacob Thomas Jozef Wellens (1726-1784) en Christiaan Frans Terswaek (1725-1781). Wellens, van Antwerpse patricische afkomst, was ordinarius sinds 1759 en president van het Hollands College sinds 1765. De Rotterdammer Terswaek was titularis van de koninklijke leerstoel in de scholastieke theologie sinds 1765 en president van het Hogenheuvelcollege sinds 1754. Beiden stonden ze aan het hoofd van een seminarie waar de clerus voor de Hollandse Zending werd gevormd: voor het oude bisdom Haarlem in het Hollands College, voor Utrecht in Hogenheuvel. In die functie onderhielden ze beiden uitstekende contacten met de pauselijke nuntius te Brussel die tevens superior van de Hollandse Zending was. Ze stonden bekend als overtuigde ultramontanen, maar ook als ijveraars voor een modernisering van het theologisch onderwijs. Meer dan de meeste van hun collega's toonden ze interesse voor de intellectuele problemen van de eigen tijd en bestreden ze actief de aspecten van de eigentijdse Verlichting die ze niet verzoenbaar achtten met het christelijk geloof of de belangen van de Kerk.

Een oude parochie in een nieuwe kerk

Toen de Universiteit na een jaartje nog geen antwoord had ontvangen op haar voorstel, stuurde ze in juli 1774 een tweede verzoekschrift naar de regering met dezelfde vraag. Een antwoord kwam er pas in april 1777. Gevolmachtigd minister Starhemberg deelde de universiteit mee dat in Wenen besloten was 'in zekere mate' mee te werken aan het project van de theologen. Het collegeproject op zich werd goedgekeurd en de bestaande gebouwen en de tuin van de jezuïeten werden daarvoor ter beschikking gesteld, maar niet de overige goederen en inkomsten van het college. Die zouden, zoals alle andere bezittingen van de Sociëteit, in een centrale kas vloeien waarmee de nieuwe organisatie van het humanioraonderwijs moest worden bekostigd.

Intussen was echter nog een andere geïnteresseerde in het jezuïeten-erfgoed opgedaagd. Een inspectie van de parochiekerk van Sint-Michiel

De oude Sint-Michielskerk was gebouwd op de eerste stadswal. De Tiensestraat liep eronder door. Lithografie uit E. van Even, *Louvain monumental*, Leuven, 1860.
K.U.Leuven, Centrale Bibliotheek, Prentenkabinet

in 1775 leidde tot de conclusie dat het gebouw bouwvallig was en enkel nog goed om af te breken. In 1777 werd ze zelfs, om veiligheidsredenen, een tijdlang gesloten. Deze kerk was een complex en schilderachtig middeleeuws bouwsel, gegroeid uit een kapel in de Tiense binnenpoort, deels romaans en deels gotisch, gelegen waar de Tiensestraat de eerste omwalling van de stad kruiste, ter hoogte van het huidige Hooverplein. De inspectie was mogelijk uitgelokt omdat reeds voorstellen circuleerden om de parochie over te brengen naar de fraaie, ruime en amper een eeuw oude jezuïetenkerk. Iets dergelijks gebeurde te Mechelen, waar de middeleeuwse parochiekerk van Sint-Pieter-en-Paulus werd afgebroken nadat de zetel van de parochie was overgebracht naar de voormalige jezuïetenkerk.

Het is niet duidelijk wie als eerste de combinatie van het op te richten college voor oud-theologanten met de parochiekerk van Sint-Michiel heeft bedacht. Vermoedelijk kwam het voorstel van Wellens en Terswaek en wisten die de omgeving van de aartsbisschop, kardinaal Franckenberg, te overtuigen. In september 1777 betuigde die alvast zijn definitief akkoord met de overbrenging van de Sint-Michielsparochie naar de jezuïetenkerk en de vereniging van de functies van pastoor met die van president van het nieuwe college. Eer het zover kwam moest echter heel wat tegenstand overwonnen worden. Pastoor Jan Jozef Bettens (1729-1782) van Sint-Michiel, die tevens president was van het Hoviuscollege in de Tiensestraat en daar woonde, bleek helemaal niet te vinden voor een verhuizing en ageerde om de oude kerk te mogen herstellen en behouden. Het kapittel van Sint-Pieter, dat de pastoors van de stad benoemde, stelde voor de Sint-Michielskerk af te breken, de parochie op te heffen en haar territorium, bevoegdheden en bezittingen te herenigen met de hoofdparochie. En pastoor Pieter van Ongeval van Sint-Kwinten wees erop dat het hele terrein van het jezuïetencollege met de kerk, net als het ernaast gelegen Koningscollege, behoorde tot zijn parochie. Hij en zijn kerkmeesters waren bereid die af te staan op voorwaarde dat ze gecompenseerd werden door een deel van de Kattestraat dat nu onder Sint-Michiel hoorde, bij Sint-Kwinten te voegen. Tenslotte was door de opheffing van de jezuïeten hun kerk openbaar bezit geworden en achtte de regering zich bevoegd om de nodige beslissingen te treffen.

Nadat de aartsbisschop zich helemaal achter de plannen van de universiteit had geschaard, werd de uiteindelijke beslissing vastgelegd in een regeringsdecreet van 10 maart 1778. De jezuïetenkerk zou de nieuwe zetel van de Sint-Michielsparochie worden. De nodige grenscorrectie met Sint-Kwinten werd doorgevoerd. Bettens bleef pastoor, maar zijn opvolger zou de president van het Veteranencollege zijn. Onder toezicht van de procureur-generaal van Brabant moesten twee commissarissen, de hoogleraar in de rechten Josse Leplat namens de regering en de pastoor van het Begijnhof en professor in de gewijde welsprekendheid Gaspar Enoch namens de aartsbisschop, alle nodige schikkingen treffen voor de inrichting van de nieuwe kerk. De plechtige overbrenging van de parochie vond plaats op 6 juli 1778. In de processie droeg kardinaal Franckenberg zelf de monstrans met het Allerheiligste. De oude kerk werd in 1779 zwaar getroffen door de bliksem en in 1781 verkocht en afgebroken.

Bouwlustige buren

Intussen liepen de onderhandelingen over de oprichting van het Veteranencollege verder. Professor Wellens was in 1776 tot bisschop van Antwerpen benoemd en daarheen vertrokken. De voortzetting van de onderneming kwam helemaal op de schouders van zijn collega Terswaek die daarvan zijn levenswerk heeft gemaakt. Omdat hij, net als Wellens, meewerkte aan de hervorming van het secundair onderwijs, onderhield hij drukke contacten en goede relaties met de regering. Hij profiteerde daarvan om zijn Brusselse gesprekspartners ervan te overtuigen dat het onmogelijk was het nieuwe college leefbaar te maken zonder het een inkomen te bezorgen. Hij stelde verschillende alternatieven voor: een vast inkomen van een paar duizend gulden toe te kennen uit regeringsfondsen, bijvoorbeeld ten laste van de jezuïetengoederen; de fundaties die bij de jezuïeten gesticht waren met hun dotatie over te dragen op het college; een deel van het terrein te verkopen en de opbrengsten te beleggen; pensioenen ten laste van de bisdommen…

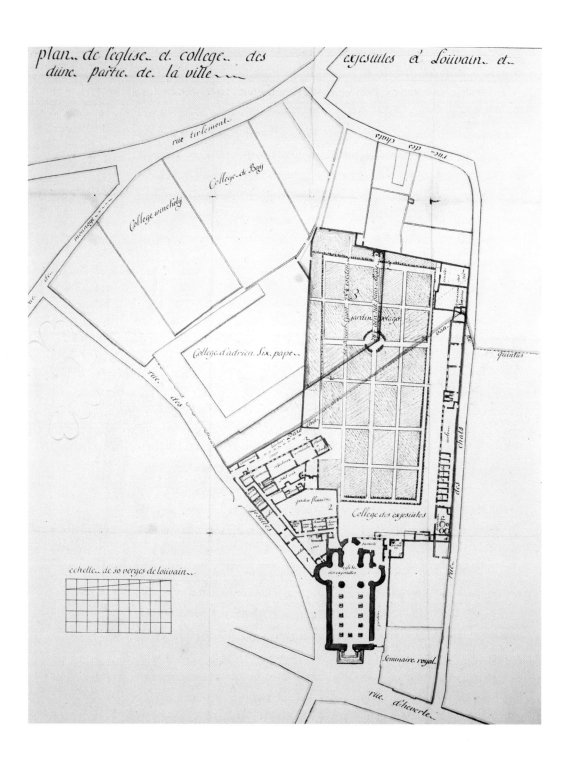

plan de leglise et college des exgesuites à Louvain et dune partie de la ville

College de Bay

College wincheli

College d'adrien Six pape

College des exgesuites

eglise des exgesuites

Seminaire royal

rue tirlemont

rue des chats

jardin potager

quintas

echelle de 50 verges de louvain

rue d'heverle

Gevolmachtigd minister Starhemberg en de Geheime Raad vonden dat de Universiteit zelf, niet de Faculteit der Theologie alleen, een inkomen moest verzamelen, bijvoorbeeld uit de overschotten van bestaande fundaties en van rijke colleges. De Faculteit wees deze oplossing van de hand: de inkomsten van beurs- en collegestichtingen konden niet voor een ander doel bestemd worden dan door de stichters was beschikt en de centrale kas van de Universiteit was reeds met hoge renten belast.

Het voorstel dat uiteindelijk door de Faculteit en de regering werd aanvaard bestond erin dat de bijgebouwen van het jezuïetencollege langs de Kattestraat zouden omgevormd worden tot privé-woningen en verhuurd ten bate van het nieuwe college. Het kapitaal dat nodig was voor de bouw- en aanpassingwerken zou gevonden worden door de verkoop van een deel van de tuin van de jezuïeten aan het Pauscollege en een hypothecaire lening, bezet op het terrein en de gebouwen van het Veteranencollege.

Middelerwijl was het Pauscollege een belangrijke partner in de veelzijdige operatie geworden. Rond 1770 bestond het uit een heterogeen conglomeraat van gebouwen waarvan sommige dateerden uit de vijftiende eeuw en verscheidene in bouwvallige toestand verkeerden. Thomas Lambert Ghenne (1734-1813), in 1774 benoemd tot president van het Pauscollege, keek na de sluiting van het jezuïetencollege begerig naar de leegstaande gebouwen en pleitte voor de incorporatie ervan in zijn college. De plannen voor het Veteranencollege doorkruisten dit opzet, maar toch niet helemaal. Snelle beslissingen bleken noodzakelijk toen op 11 augustus 1775 een vleugel van het Pauscollege instortte. Eén student werd ongedeerd vanonder het puin gehaald, voor een andere kwam alle hulp te laat. Er werd dadelijk een begin gemaakt met de afbraak van de bouwvallige delen en de broer van de president, de gezworen land- en edificiemeter en architect M. Ghenne, kreeg de opdracht plannen voor een volledig nieuw college op te maken. De regering gaf toestemming om tijdens de werkzaamheden de studenten van het Pauscollege te huisvesten in het vroegere jezuïetencollege. Ze verbleven er van oktober 1775 tot eind september 1778, zodat die gebouwen niet meer dan twee jaar leeg hebben gestaan.

Dit plan uit 1778 toont de terreinen van het gewezen jezuïetencollege, het Pauscollege, Winckeliuscollege en Baiuscollege. 's Meiersstraat heet hier Jezuïetenstraat. Er wordt aangeduid welk deel van de tuin van de jezuïeten door het Pauscollege wordt aangekocht en waar de grens van de parochie Sint-Kwinten lag.
Rijksarchief Leuven, Oude Universiteit, 4348

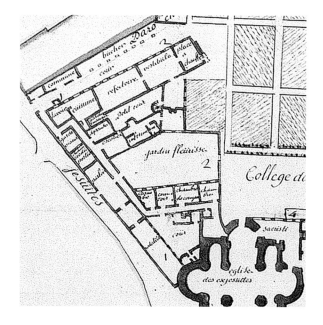

Op 31 mei 1776 werd de eerste steen gelegd voor het nieuwe Pauscollege, volgens een U-vormig plan, met de korte zijde langs 's Meiersstraat. Aan de overzijde van de binnenplaats zou de zestiende-eeuwse
collegekapel met het graf van Baius en andere collegepresidenten
behouden blijven. Er werd echter nog steeds gedacht aan uitbreiding en
op 23 juni 1777 diende president Ghenne bij de regering een verzoekschrift in om een deel van de tuin van de jezuïeten, achter het Pauscollege, met inbegrip van de gebouwen langs de Kattestraat, te kunnen
aankopen. Op die manier kon het nieuwe collegegebouw doorgetrok-
ken worden in oostelijke richting en zou het college ook nog over een
tuin en een dienstingang in de Kattestraat beschikken. De definitieve
regeringsbeslissing van 29 april 1778 over de bestemming van het
jezuïetenterrein stemde in met dit voorstel, behalve wat de gebouwen
langs de Kattestraat betrof. Op 10 augustus 1779 verkocht de Faculteit
Theologie, intussen eigenaar van het jezuïetencomplex, een flink stuk
van de tuin aan het Pauscollege dat voortaan over een ruim terrein
beschikte. Op dat ogenblik was reeds begonnen met het omvormen van
de gebouwen langs de Kattestraat tot dertien privé-woningen, elk met
een eigen tuintje.

Start van het college

Eén probleem vertraagde nog de definitieve oprichting van het college: het benoemingsrecht voor de collegepresident. De Faculteit Theologie eiste dit voor zich op, de regering bleek enkel bereid om dit ten voorlopigen titel toe te kennen. Met andere woorden: de regering beschouwde dit college als een eigen stichting en aarzelde om alle gezag erover af te staan. Uiteindelijk gaf ze toch toe op dit punt. De keizerlijke patentbrieven met het stichtingsoctrooi van het *Collège Royal des théologiens vétérans* droegen de datum van 25 november 1778 maar werden pas eind maart 1779 aan Terswaek ter hand gesteld.

Nu kon werk worden gemaakt van de interne organisatie van de nieuwe stichting. Terswaek stelde een reglement voor het college samen en overlegde erover met Wellens die het voorstel amendeerde. De Faculteit en de Geheime Raad hechtten er hun goedkeuring aan. Er werd vastgelegd dat het college enkel bestemd zou zijn voor gewijde priesters die de graad van *baccalaureus formatus* hadden behaald, theologanten dus die na twee jaar artes ook nog ten minste vijf jaar theologie hadden gestudeerd. Voor hun toelating moesten ze het bewijs leveren dat ze behoorlijk konden preken en van de aartsbisschop de nodige biechtjurisdictie verkrijgen. De aanvaarding gebeurde door de Faculteit Theologie. Het jaarlijkse kostgeld bedroeg 175 gulden; wie daarvoor niet zelf kon instaan zou, binnen de beschikbare middelen, ten laste van de inkomsten van het college vallen.

Het dagelijks leven werd ongeveer geregeld zoals in de overige colleges. Bij hun intrede en elk jaar opnieuw zouden de huisbewoners een retraite van een volle week volgen. Binnen de collegemuren was voortdurende stilte verplicht. Pastorale taken namen een groot deel van dag in beslag. De avonden en vrije uren zouden besteed worden aan studie en vrome lectuur. In de refter werd voorgelezen uit kerkhistorische werken en heiligenlevens. Driemaal per week werd een *colloquium* georganiseerd waarin pastorale en liturgische problemen moesten worden behandeld, met actieve deelname van alle aanwezigen; twee ervan zouden geleid worden door een van de inwonende priesters, het derde door de collegepresident.

De pastorale taken zouden vooral in de nieuwe Sint-Michielskerk en -parochie uitgeoefend worden: zingen van het koorofficie, preken, biechthoren, catechisatie, ziekenbezoek, begeleiding van stervenden. De meeste nadruk werd gelegd op het biechthoren, in beide landstalen, en op het verstrekken van geestelijke leiding. Daarvoor moesten permanent priesters ter beschikking staan. Indien daarnaar vraag was, konden de huisbewoners ook uitgezonden worden naar andere parochies binnen en buiten de stad. Het is duidelijk dat de pastoraal die tevoren door de jezuïeten zelf werd uitgeoefend bij dit alles model stond, zij het dat dit nu gebeurde binnen een parochiaal kader.

Tot president van het college stelde de Faculteit Jozef Frans Engel-
bert Werbrouck (1752-1801) aan. Hij was afkomstig uit een welstel-
lende Antwerpse familie en op dat ogenblik licentiaat in de theologie
en lector in het Pauscollege. Op 20 februari 1781 zou hij doctoreren in
de theologie, wat betekende dat hij een academische carrière ambieerde.
De regering keurde de benoeming goed op 10 mei 1779.

Alles werd in orde gebracht om het college op 1 oktober 1779 in
gebruik te kunnen nemen. De gebouwen van het jezuïetencollege
waren sinds ca. 1660 niet meer aangepast of uitgebreid. Er werden plannen gemaakt om een vleugel af te breken, de indeling van de ruimten
in de straatvleugel aan te passen en een kwartier voor de president in
te richten in de Noordelijke dwarsvleugel. Het is niet duidelijk wat
daarvan werd gerealiseerd. De nieuwe hoofdingang aan 's Meiersstraat
kreeg een monumentale neoclassicistische deuromlijsting. In het fronton
ervan werd een opschrift aangebracht dat herinnerde aan de stichting in
samenwerking met de regering:

SEMINARIUM.REGIUM
THEOLOGIS.VETERANIS.PASTORALI.OFFICIO
APTANDIS.AUSPICIIS.MARIAE.THERESIAE.AUGUSTAE
JOSEPHO.II.CONREGENTE.VII.KAL.DEC.MDCCLXXVIIII
ERECTUM.CAR.LOTHARINGO.BELGII.PRAEFECTO
GE.ADAMO.STARHEMBERGIO.RERUM.ADMINISTRO

Wat in vertaling ongeveer luidt als volgt: "Koninklijk Seminarie voor
de pastorale vorming van oud-studenten in de theologie, opgericht op
25 november 1778 op bevel van keizerin Maria Theresia, toen Jozef II
mederegent was, Karel van Lotharingen landvoogd van de Nederlanden
en Georg Adam van Starhemberg gevolmachtigd minister".

Nu het grote plan gerealiseerd was, stelde Terswaek een *Synopsis
historica* samen waarin het hele verhaal over de moeizame stichting van
het nieuwe college met alle details werd verteld en alle belangrijke
documenten werden overgeschreven. Het lange stuk werd opgenomen
in de *Acta Facultatis*.

Een lastige pastoor en een moeizame opvolging

Bij het begin van het nieuwe academiejaar namen de president en een tiental jonge priesters hun intrek in het college. Daarmee was echter nog niet alles geregeld. Reeds in 1777 had Terswaek voorgesteld de functies van collegepresident en pastoor van Sint-Michiel te verenigen en dit was in alle documenten, ook in het stichtingsoctrooi en het collegereglement, als streefdoel opgenomen. Daardoor zou de president beschikken over een behoorlijk inkomen en werd een goede coördinatie van de parochiale activiteiten met die van het college mogelijk. J.J. Bettens was echter en bleef voorlopig pastoor van Sint-Michiel en bleef wonen in het Hoviuscollege. Eerst had hij de oprichting van het Veteranencollege en de overbrenging van de parochie naar de jezuïetenkerk tegengewerkt, na 1779 zorgde hij voortdurend voor problemen bij het inschakelen van de bewoners van het college in het parochiewerk. Iedereen was het ermee eens dat voor hem uitgekeken moest worden naar een andere opdracht. De oplossing kwam er pas in januari 1782. Door het overlijden van Terswaek op 5 juni 1781 was diens prebende in de Sint-Donaas-kathedraal te Brugge vrijgekomen. Het benoemingsrecht daarvan kwam toe aan de vorst. De faculteit stelde voor die prebende aan Bettens toe te kennen en de landvoogden Maria Christina en Albert gingen daar uiteindelijk op in. De lastige pastoor vertrok naar Brugge.

Tot in zijn laatste ogenblikken bleef Terswaek bekommerd om de stichting die hem zo na aan het hart lag. In 1779 schonk hij 1400 gulden om op de veilingen van de jezuïetenbibliotheken de nodige boeken te kopen om daarmee een collegebibliotheek te beginnen. De regering stond hem dezelfde vermindering van een derde op de toeslagprijs toe als bibliothecaris Van de Velde voor de Universiteitsbibliotheek had verkregen. Bij testament liet Terswaek aan het college ook nog 3000 gulden na om daarmee een beurs voor een inwoner in het college te stichten. Het bleef de enige beursstichting die aan dit college verbonden was.

Dat voortaan de Faculteit Theologie de pastoor, tevens college-president, zou benoemen, was echter niet evident. Nieuwe besprekingen met alle betrokken partijen werden aangevat. Namens de Faculteit trad daarbij Jan van der Auwera (1709-1783), president van het Heilig-

Geestcollege, op als woordvoerder. Na zijn dood kwam die opdracht terecht bij zijn opvolger als collegepresident, Jan Frans van de Velde (1743-1823). Het Sint-Pieterskapittel, dat steeds de pastoor had benoemd, stelde nu voor de parochies van Sint-Michiel en Sint-Kwinten te verenigen met het presidentschap van het Veteranencollege. Daarop werd echter niet ingegaan. Iedereen bleek het vrij snel eens over het te bereiken doel, maar de meningen, ook van de juristen, over de daartoe te volgen procedure liepen uiteen. Zou het de collegepresident zijn die automatisch pastoor werd, of omgekeerd? En hoe zat het met de rechten van de aartsbisschop? President Werbrouck weigerde wijselijk om ten voorlopigen titel als deservitor van de vacante parochie op te treden. Hij vreesde terecht dat op die manier een definitieve regeling zou uitblijven. Einde 1783 bleken de Faculteit, het Sint-Pieterskapittel, de aartsbisschop, de kerkmeesters en de regering het uiteindelijk eens. Het kapittel stond ten eeuwigen dage zijn benoemingsrecht van de pastoor van Sint-Michiel af aan de Faculteit Theologie. Die zou voortaan als pastoor iemand benoemen die tevens voldeed aan de gestelde eisen om president van het Veteranencollege te worden. Wanneer ook de aartsbisschop hem, na onderzoek door de aartsdiaken, geschikt bevond, zou hij hem de nodige jurisdictiebrieven bezorgen. In een bijkomend akkoord bevestigde de Artesfaculteit dat zij nooit gebruik zou maken van haar benoemingsprivilege om de pastoorsbenoeming op te eisen.

Het was voor niemand een verrassing dat de faculteit J.F.E. Werbrouck als pastoor voorstelde. Op 5 februari 1784 kon hij in die functie worden geïnstalleerd; vanzelfsprekend bleef hij de president van het Veteranencollege. Niet voor lang echter: een jaar later, op 2 februari 1785, werd hij benoemd tot kapitteldeken van de kathedraal te Antwerpen. Hij zou in zijn vaderstad een belangrijke rol spelen in het verzet tegen de hervormingen van Jozef II en de Franse republikeinse politiek. In januari 1798 werd hij daarom gevangen gezet, naar Frankrijk gedeporteerd en tenslotte in november 1799 over de Rijn verbannen. Hij overleed te IJsselstein bij Utrecht, amper 49 jaar oud, aan een besmettelijke ziekte die hij had opgelopen toen hij tijdens een epidemie de stervenden bijstond.

Het Seminarie-generaal

De benoeming van een opvolger voor pastoor en president Werbrouck liep niet van een leien dakje. Binnen de universiteit heerste sinds 1784 een echte malaise. De kerkelijke vernieuwingen van Jozef II en de aangekondigde universiteitshervorming veroorzaakten grote onrust. De Faculteit Theologie verkeerde in volle crisis door een openlijke scheuring tussen een jozefistische minderheid en een meerderheid die zich verzette tegen de regeringspolitiek. Het hele facultaire leven werd erdoor verlamd. Op 30 mei 1785 kwam uit Brussel een bevel geen nieuwe collegepresidenten te benoemen, maar enkel voorlopige administratoren. De Faculteit benoemde Johannes Augustinus Bernardus van der Moere (1756-1824) tot administrator van het Veteranencollege en deservitor van de Sint-Michielsparochie. De jonge theoloog promoveerde op 5 juli 1785 tot licentiaat en had voordien als student in het Pauscollege verbleven.

Begin 1786 besloot Jozef II werk te maken van zijn plannen voor de reorganisatie van de priesteropleiding. Te Leuven zou een seminarie-generaal opgericht worden dat het monopolie moest krijgen voor de vorming van de geestelijkheid van het hele land, seculieren zowel als regulieren. Wat dat concreet zou inhouden voor de Leuvense colleges werd in de zomer van dat jaar duidelijk. Het seminarieplan hield in dat het Pauscollege en drie aanpalende colleges, het Winckeliuscollege en het Baiuscollege in de Tiensestraat en het Veteranencollege, zouden geïntegreerd worden tot één groot complex met drie binnenplaatsen. Er moest op korte termijn gezorgd worden voor huisvesting van vierhonderd seminaristen, later misschien nog uit te breiden tot vijfhonderd. Hofarchitect Louis Montoyer (1749-1811) tekende de plannen die heel wat afbraakwerken en nieuwbouw zouden vereisen. Een decreet van 25 oktober 1786 hief deze colleges op. Op 6 november installeerde Ferdinand Stöger, een Oostenrijkse theoloog en kerkhistoricus die door de keizer was benoemd tot directeur van het Seminarie-generaal en van de hervormde Faculteit Theologie, zich in het appartement van de president van het Veteranencollege. Het is niet duidelijk waar Van der Moere, die het pastoorschap van Sint-Michiel bleef waarnemen, zich vestigde of waar de overige bewoners van het huis heen trokken.

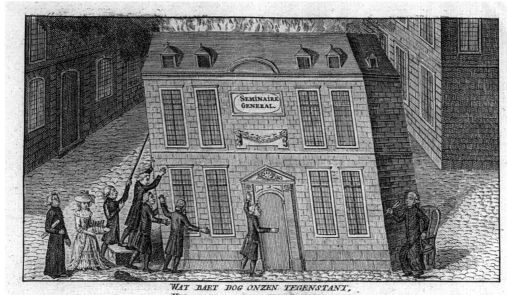

WAT BAET DOG ONZEN TEGENSTANT,
HY STOOT TE ZEER VAN ZYNEN KANT.

Reeds in de zomer van 1786 werden de bouwwerken voor het seminarie aangevat. Van het Veteranencollege werd een groot deel van de gebouwen afgebroken. De hele noordervleugel, die uit de zestiende eeuw stamde of nog ouder was, verdween en werd vervangen door een bouw in strenge kazernestijl die evenwijdig liep met de zuidervleugel van het Pauscollege. Langs de straat werd tussen deze nieuwbouw en het Pauscollege een nieuwe vleugel met een grote inrijpoort opgericht. Op die manier kwam de huidige binnenplaats van het Maria-Theresiacollege tot stand. Van de oude jezuïetengebouwen bleef enkel het grootste deel van de vleugel langs de 's Meiersstraat overeind. In het Pauscollege werd de oude kapel afgebroken en sloot Montoyer het grote binnenplein af met een nieuwe vleugel, evenwijdig met die langs de straatkant.

Het Seminarie-generaal moest, volgens keizerlijk bevel en ondanks het tegenstribbelen van de bisschoppen, openen op 1 december 1786. In afwachting dat de gebouwen afgewerkt zouden zijn of aangepast aan hun nieuwe bestemming, werden de seminaristen ondergebracht in het Groot en Klein Heilig-Geestcollege. Ze werden er met vier of vijf gelogeerd in kamers die tevoren voor één student bedoeld waren. De overige aspecten van de organisatie waren even geïmproviseerd. Al even groot was de ontevredenheid over de hervorming van het onderwijs aan de Theologische Faculteit. J.F. van de Velde, tevoren hoogleraar Schriftuur, was door de regering te ultramontaans bevonden en werd van al zijn functies beroofd. Th.L. Ghenne had bedankt voor de leeropdracht die hem werd aangeboden. De jozefisten binnen het korps waren wel behouden en ook de nieuwkomers waren van dezelfde strekking.

Revolutionaire toestanden

Reeds op 7 december braken rellen uit onder de seminaristen en de dagen daarop ging het van kwaad tot erger. Een zending van regeringsleden werd op stenen en gejoel onthaald. Er werden troepen naar Leuven gestuurd, wat de verhitte gemoederen nog meer opjutte. Toen van de seminaristen een formele onderwerping aan de seminarieplannen werd geëist, trok het merendeel in januari 1787 naar huis. De onrust bleef niet beperkt tot kerkelijke kringen. Toen in maart radicale bestuurlijke en gerechtelijke hervormingen werden bekendgemaakt, sloeg de ontevredenheid over op brede lagen van de bevolking. Tijdens de jaarlijkse zitting van de Staten van Brabant in april kwam een algemene protestbeweging op gang. De meerderheid van de universiteit sloot zich daarbij aan. Onder zware druk ondertekenden de gouverneurs-generaal op 30 mei 1787 een verklaring waardoor alle beschikkingen die in strijd waren met het landcharter, de Blijde Inkomst, werden opgeschort tot nadere orders van de keizer zouden volgen.

Alhoewel de regering niets had beslist over de universiteit, beschouwde men te Leuven de zaak reeds als gewonnen. Het Seminarie-generaal liep leeg, de afgezette professoren namen weer bezit van hun leerstoel en de presidenten keerden terug naar hun herstelde colleges. De werkzaamheden aan het seminarie werden stilgelegd. Van der Moere werd, zoals Van de Velde in het Heilig-Geestcollege en Ghenne in het Pauscollege, op 4 juli feestelijk weer in het Veterancollege binnengeleid.

Louvain. — Collège du Pape.

L. L. Brux. — 65

In tegenstelling tot wat het opschrift zegt toont deze prentkaart van rond 1900 op de eerste plaats het Veteranencollege (toen Maria-Theresia-college geheten) met het Pauscollege op de achtergrond. Het gebouw langs de straat tussen de beide colleges met de grote ingangspoort, opgetrokken door Montoyer in 1787-1789, werd na de Tweede Wereldoorlog verhoogd.

Universiteitsarchief K.U.Leuven

Toen hij het nieuws van deze 'kleine Brabantse omwenteling' vernam, was de keizer woedend en eiste hij om te beginnen het herstel van de kerkelijke en universitaire hervormingen. De bisschoppen en de academici weigerden echter elke vorm van medewerking of compromis. Toen op 15 januari 1788 het hervormde theologieonderwijs werd hervat, stonden de professoren voor lege banken. De bouwwerkzaamheden aan het Seminarie-generaal werden voortgezet. Toen de meerderheid van de professoren weigerde zich neer te leggen bij het keizerlijk ingrijpen, werden ze in maart 1788 afgezet en sommige zelfs veroordeeld tot verbanning. Toen ook nadien de rust niet terugkeerde te Leuven, werd in juli 1788 besloten de universiteit, met uitzondering van de Theologische Faculteit en het Seminarie-generaal, over te brengen naar Brussel. Op 1 oktober werd daar het eerste academiejaar geopend.

Van der Moere had zijn college weer moeten verlaten, maar bleef actief als pastoor van Sint-Michiel. De regering maakte de unie van pastorie en presidentie ongedaan. Daarna werd Van der Moere op 1 januari 1789 door het Sint-Pieterskapittel tot pastoor van Sint-Michiel benoemd. Het beheer over de goederen van het Veteranencollege werd voorlopig toevertrouwd aan J.M.J. de Goes, schepen van Leuven.

Verdere radicale maatregelen van Jozef II hebben het verzet alleen aangewakkerd. Kardinaal Franckenberg, die elke medewerking met het heropende Seminarie-generaal weigerde, kreeg bevel zich te Leuven te komen overtuigen van de rechtgelovigheid van het onderwijs dat er werd verstrekt. De *Déclaration doctrinale* die hij na een grondig onderzoek op 26 juni 1789 aan de regering overmaakte, bevatte een formele veroordeling van de opinies van de docenten en van de inhoud van sommige van de gebruikte leerboeken. Diezelfde week schafte Jozef II de Blijde Inkomst en andere privileges af. Dit waren twee van de druppels die de emmer deden overlopen. De oppositie die zich ondergronds had georganiseerd, bracht een massale uittocht van weerbare mannen op gang en vormde daarmee op het grondgebied van de Verenigde Provinciën een bescheiden invasielegertje. In oktober viel het binnen in de Kempen en werd Jozef II van de troon vervallen verklaard. Tot verwondering van heel Europa verjoeg het geïmproviseerde leger in minder dan twee maanden de Oostenrijkse troepen en de keizerlijke administratie. Op 11 januari 1790 werd te Brussel de Republiek van de Verenigde Nederlandse Staten afgekondigd.

In een laatste vergeefse poging om het verzet te stuiten was het Seminarie-generaal op 14 augustus 1789 facultatief gemaakt en op 20 november zelfs afgeschaft. Toen de revolutie zegevierde, namen de jozefistische professoren de vlucht en keerden hun afgezette collega's terug. Ze namen de colleges weer in bezit, brachten alle boedel die naar Brussel was verhuisd naar Leuven terug en op 1 maart 1790 werd de herstelde universiteit feestelijk heropend.

Kortstondig herstel

Alle maatregelen van Jozef II werden als nietig beschouwd, zo ook het verbreken van de unie van het pastoorschap van Sint-Michiel met de leiding van het Veteranencollege. Van der Moere woonde weer in het college dat echter grondige herinrichting nodig had eer het weer de jonge priesters kon huisvesten. Daaraan werd nog gewerkt toen in november 1790 de troepen van de jonge republiek de strijd staakten en de Oostenrijkers zonder veel bloedvergieten het land heroverden. In de leegstaande Montoyervleugel werden een tijdlang soldaten gelogeerd. Onder internationale druk was de nieuwe keizer Leopold II verplicht de toestanden te herstellen zoals ze onder Maria Theresia hadden bestaan. Ook het Veteranencollege werd dus weer erkend, maar had het moeilijk om met de bescheiden dotatie weer te functioneren.

Het Oostenrijkse herstel was van korte duur. Na de slag bij Jemappes trokken de Franse revolutionaire legers van Dumouriez op 20 november 1792 Leuven binnen. Weer werden soldaten ingekwartierd in het Veteranencollege. Hetzelfde gebeurde toen de Oostenrijkers in maart 1793 terugkeerden en nogmaals toen de Fransen op 15 juli 1794 andermaal Leuven innamen. Ditmaal zouden ze er twintig jaar blijven.

Verscheidene professoren waren voor de tweede komst van de Fransen naar het buitenland gevlucht. Van de Velde had de belangrijkste archieven van de Universiteit, de Theologische Faculteit en de Artesfaculteit naar

Het Veteranencollege rond 1910. De neven-ingang, links op de voor-grond, werd gecreëerd onder de Rijksuniversiteit en verdween bij de recente restauratie.

Universiteitsarchief K.U.Leuven

de Verenigde Provinciën in veiligheid gebracht. Niettemin werd het nieuwe academiejaar op 20 oktober 1794 geopend, drie weken later dan gewoonlijk, en werden de lessen hervat.

Een der eerste slachtoffers van het nieuwe bewind werd de Sint-Michielskerk. Op 21 december 1794 moest pastoor Van der Moere in zijn kerk het bericht aflezen dat het gebouw in beslag werd genomen om te dienen als *Temple de la Raison*, waar voortaan de officiële plechtigheden zouden plaatsvinden. De zetel van de parochie werd verplaatst naar de kerk van de karmelieten op het einde van de Ravenstraat. Inderhaast werden religieuze symbolen uit de oude jezuïetenkerk verwijderd of gemaskeerd en op 19 januari 1795 werd de Tempel der Rede officieel ingewijd. Onder de titel van *Temple de la Loi* was het vele jaren het toneel van de republikeinse feesten en plechtigheden. Pas in oktober 1803 zou het gebouw weer als kerk in gebruik worden genomen.

Pastoor Van der Moere kon in zijn college blijven wonen tot de opheffing van de Universiteit. De sluiting van de Alma Mater werd afgekondigd op 25 oktober 1797. De colleges en alle andere stichtingen die aan de Universiteit verbonden waren, werden op 8 november opgeheven en geconfisqueerd. Van der Moere moest het college ontruimen en was kort nadien als onbeëdigd priester verplicht onder te duiken. Zo goed en zo kwaad als mogelijk bleef hij vanuit zijn schuilplaats de zielzorg voortzetten. Pas in 1801 kon hij zich weer met gerust gemoed op straat vertonen. In 1802 verzorgde hij diensten in Sint-Pieter. In 1803 werd hij benoemd tot pastoor van Sint-Sulpitius te Diest. In 1814 verhuisde hij vandaar naar Lier waar hij pastoor werd van Sint-Gummarus en landdeken. Hij overleed er tien jaar later.

Militaire veteranen en een Rijksuniversiteit

Na de opheffing van de Universiteit werden vele colleges verkocht en verbouwd tot privé-woningen en andere afgebroken. De belangrijkste kregen een openbare bestemming. Wat niet werd vervreemd, werd eigendom van de Stad. Het Pauscollege en het Veteranencollege hebben gediend als logies voor voorbijtrekkende troepen, tot eind 1800 besloten werd daarin een bijhuis van het Parijse Hôtel des Invalides onder te brengen. Vanaf januari 1801 arriveerden konvooien oud-militairen, gekwetsten en verminkten. Hun aantal liep op tot meer dan zestienhonderd. De commandant van de instelling werd ondergebracht in het Veteranencollege, een naam die nu een andere betekenis kreeg. Op 30 juli 1803 kwam de eerste consul Bonaparte, op doorreis te Leuven, de instelling bezoeken.

Na de nederlaag van Napoleon in Rusland werd besloten de Leuvense succursale van de Invalides over te brengen naar Atrecht. De verhuizing vond plaats in januari 1814. Eind die maand kwamen de troepen van de anti-Franse alliantie te Leuven aan. De boedel van het Hôtel des Invalides werd verkocht, gestolen of weggehaald door de geallieerden. Andermaal werden er troepen in gelogeerd. Nadien diende het Pauscollege als stedelijke feestzaal.

In 1816 richtte koning Willem I voor de zuidelijke provincies van het koninkrijk drie rijksuniversiteiten op, te Gent, Luik en Leuven. Voor die laatste stelde de Stad een aantal gebouwen van de Oude Universiteit, waarvan ze de eigenaar was geworden, ter beschikking. Daartoe behoorde het oudste deel van het Veteranencollege, gelegen langs de straatkant. Het werd bestemd voor een instituut voor scheikunde, met een laboratorium en een 'kabinet'. Het zwaar gehavende interieur werd hersteld en aangepast voor het nieuwe gebruik. Dit deel van het complex werd van de 'kazerne', de vleugel die door Montoyer was toegevoegd, afgescheiden door de deuropeningen dicht te metselen. De delen het dichtste bij de Sint-Michielskerk behielden hun woonfunctie. De pedel woonde er en een paar hoogleraren hebben er een tijdlang verbleven: Jan Ferdinand Sentelet (1754-1825), hoogleraar in de fysica en in een vorig leven professor in de theologie aan het Seminarie-generaal, en de bekende scheikundige Jan Baptist van Mons (1765-1842).

In 1825 besliste de koning te Leuven een *Collegium Philosophicum* op te richten waar allen die zich voorbereidden op het priesterschap vóór hun theologiestudie een paar jaren moesten doorbrengen. De instelling werd gehuisvest in het oude Pauscollege en de Montoyervleugel van het Veteranencollege. Als auditorium voor het Filosofisch College werd in 1826 op de noordelijke binnenplaats van het Veteranencollege een

Deze prentkaart toont rond 1930 de binnenkoer van het Maria-Theresiacollege, met de monumentale voorhal van de Grote Aula en links de oude vleugel van het Pauscollege die in 1778 werd geïncorporeerd in de nieuwbouw van Ghenne.
Universiteitsarchief K.U.Leuven

De Grote Aula werd in 1826 toegevoegd als auditorium voor het Filosofisch College van Willem I. Foto Morren, ca. 1900.
Universiteitsarchief K.U.Leuven

grote aula met een monumentaal voorportaal gebouwd naar de plannen van Martin Hensmans. Het jaar daarop voegde die aan tuinzijde een kleine aula toe. Niet alleen door zijn huisvesting, maar ook door de hele opzet, herinnerde de instelling al te zeer aan het verfoeide Seminarie-generaal. De bisschoppen en de hele katholieke pers verzetten zich fel tegen deze staatsbemoeienis met de priesteropleiding en kort voor de Belgische Revolutie werd het Filosofisch College gesloten.

Onder de Katholieke Universiteit

De Revolutie van 1830 bracht grote veranderingen mee voor de Rijks-universiteit. De professoren van Noordnederlandse of Duitse afkomst vertrokken, als onderwijstaal werd het Latijn vervangen door het Frans en omdat de jonge staat in geldnood verkeerde werd te Leuven, zoals in de andere universiteiten, drastisch geschrapt in het onderwijsaanbod. Het was het begin van de doodstrijd. Na felle parlementaire discussies schafte de eerste Belgische wet op het hoger onderwijs op 25 september 1835 de Rijksuniversiteit Leuven af. Alle gebouwen ervan werden teruggegeven aan de Stad Leuven. Die stelde ze prompt ter beschikking van de Katholieke Universiteit, het jaar tevoren door de Belgische bisschoppen opgericht te Mechelen.

De Rijksuniversiteit Leuven presenteerde zich graag als een nieuwe, moderne, instelling en onderstreepte het verschil met de Oude Univer-siteit die een kerkelijke signatuur droeg. De Katholieke Universiteit werd door de bisschoppen voorgesteld als de voortzetting of de opvol-ger van deze Oude Universiteit en ook de eerste rector, P.F.X. de Ram, legde de nadruk op de historische continuïteit. Een van de typische aspecten van de oude Alma Mater dat werd hersteld was het college-leven. Het Pauscollege, dat door de Stad beschikbaar werd gesteld, diende als pedagogie voor de studenten in de wijsbegeerte en letteren en de rechten. Het Veteranencollege werd in 1837 in gebruik genomen als pedagogie voor de studenten in de wetenschappen en de genees-kunde. Men benoemde het nu echter niet meer met die oude naam, maar met de veel fraaiere titel *Maria-Theresiacollege*. Die verwees naar de stichting van het Veteranencollege door de keizerin, waaraan trouwens

De patroloog en oriëntalist Adolphe Hebbelynck was van 1890 tot 1893 de laatste
president van het Maria-Theresiacollege, pedagogie voor studenten in de Wetenschappen en de Geneeskunde.
Van 1898 tot 1909 was hij rector van de Universiteit. Heliotypie naar een schilderij van F. Rosier, ca. 1900.

K.U.Leuven, Centrale Bibliotheek, Prentenkabinet

het opschrift boven de hoofdingang herinnerde. Édouard Joseph Delfortrie (1801-1860), hoogleraar Duitse en Engelse literatuur aan de Faculteit Wijsbegeerte en Letteren, bleef er president tot 1860. Hij werd opgevolgd door de theoloog Thomas Joseph Lamy (1827-1907), hoogleraar in de Schriftuur, patrologie en oosterse talen. In 1890 gaf deze de fakkel over aan Adolphe Hebbelynck (1859-1939), eveneens een patroloog en de toekomstige rector. De president woonde in het oudste gedeelte van de gebouwen, aan de Sint-Michielsstraat. De studenten verbleven in de aansluitende Montoyervleugel.

Het laboratorium voor scheikunde dat van de Rijksuniversiteit werd geërfd was te klein behuisd gevonden en werd verhuisd naar de vleugel langs de straat tussen het Pauscollege en het oude Veteranencollege, in de vleugel waar tevoren de latrines van het Filosofisch College gevestigd

Charles Cartuyvels, vice-rector sinds 1872, installeerde zich na de opheffing van de pedagogie in het Veteranencollege dat zeventig jaar vice-rectoraat zou blijven. Schilderij door Jozef Janssens, 1920.

K.U.Leuven, Universiteitshal

waren. In het jaarboek van de Universiteit voor 1851 staat een hele beschrijving van de nieuwe installatie waarop men duidelijk trots was, al was er volgens de auteur nood aan bijkomende laboratoria. Die werden rond 1868 ingericht in nabije lokalen op de benedenverdieping van de zuidervleugel van het Pauscollege. Ze konden bereikt worden via de binnenplaats of rechtstreeks door een ingang op het Hogeschoolplein. Het ging om een laboratorium voor analytische scheikunde en een voor industriële scheikunde. Na enkele jaren werden daar nog een labo voor praktijkoefeningen in de chemie en een mijnmuseum aan toegevoegd. Na de bouw van het Arenberginstituut in 1909 verhuisden de scheikundige laboratoria daarheen en werden de lokalen ingenomen door de collecties en laboratoria van het geologisch instituut, de fel gegroeide installaties van de *École des arts et manufactures, du génie civil et des mines* en een laboratorium voor zaadveredeling.

De installatie van deze instituten was mogelijk geworden door de sluiting in 1893 van wat tot dan toe Maria-Theresiacollege had geheten, de pedagogie voor studenten wetenschappen en geneeskunde. Allerlei aanpassingen van de gebouwen voor het huisvesten van de ingenieurs-opleiding werden doorgevoerd onder leiding van de hoogleraar architec-tuur Joris Helleputte. In de binnentuin tussen de Montoyervleugel en de Sint-Michielskerk werd een groot auditorium op vierkant grondplan gebouwd. De presidentswoning in de oude vleugel langs de straat werd nu betrokken door de vice-rector die er niet enkel woonde, maar er ook kantoor hield en de studenten ontving. Sinds 1848 was de belangrijkste opdracht van de vice-rector de handhaving van de tucht onder de stu-denten, maar hij stond ook voor allerlei andere studentenaangelegen-heden. Mgr. Charles Cartuyvels (1835-1907) installeerde er zich als eerste en Mgr. Fernand Litt (1905-1963), de laatste vice-rector die voor de beide taalregimes instond, zou er wonen tot zijn dood.

Na het verdwijnen van de laatste bewoner werden in de oude vleu-gel het secretariaat van de Faculteit Godgeleerdheid en het Hoger Insti-tuut voor Godsdienstwetenschappen geïnstalleerd. In de jaren zeventig dook voor dit deel van het gebouwencomplex de naam 'Veteranen-college', die bijna anderhalve eeuw in onbruik was geweest, weer op. Het was duidelijk de bedoeling het onderscheid te maken met het 'Maria-Theresiacollege', de naam die werd voorbehouden voor de gebouwen rond de noordelijke binnenplaats van het oorspronkelijke Veteranencollege. De benaming die voor deze binnenplaats werd voor-gesteld, 'Willem I Plein', heeft zich niet kunnen doorzetten. De termino-logische verwarring voor de verschillende delen van het complex wordt goed geïllustreerd door het feit dat, tot na de Tweede Wereldoorlog, in de officiële stukken van de Universiteit steeds sprake is over de 'Grote en Kleine Aula van het Pauscollege', waar die nadien bestempeld werden als delen van het 'Maria-Theresiacollege'. Dat die laatste naam een andere titel is voor het Veteranencollege, is bijna iedereen intussen vergeten.

Een oud gebouw met een nieuwe functie

Na een grondige restauratie wordt het bewaarde deel van het oude jezuïetencollege thans in gebruik genomen als decanaat voor de Facul-teit Godgeleerdheid en wordt het voortaan weer betiteld als Veteranen-

college, of, wat fraaier en minder militair klinkend, als *Collegium Vetera-norum*. Het gebouw staat op zeer historische grond, waar belangrijke hoofdstukken uit de geschiedenis van de Stad en de Universiteit zich hebben afgespeeld en waarmee de namen van grote figuren uit de Leuvense geschiedenis verbonden zijn. De oude en ook nieuwe naam van het gebouw verwijst naar een origineel initiatief van de Leuvense theologen in de achttiende eeuw. Helemaal in de lijn van het nuttigheidsdenken van de Verlichting, waaraan de pastoraaltheologie haar ontstaan te danken heeft, ontwierpen Wellens en Terswaek een instelling die beantwoordde aan de noden van hun tijd. Ze herinnert aan de *Priester-häuser* of *Presbyteria* waarin de alumni van de jozefistische generaalsemi-naries zich na hun studie onder de directe leiding van de bisschop zouden voorbereiden op hun pastorale opdracht. Dergelijke *Priesterhäu-ser* werden echter pas vanaf 1784 opgericht en hebben dus geen model kunnen staan voor de Leuvense stichting. Het idee een dergelijke instel-ling aan de Universiteit te verbinden bewees dat Wellens en Terswaek over een priesteropleiding die direct op de pastorale praktijk moest gericht zijn opvattingen koesterden die parallel liepen met die van de jozefistische hervormers.

Dat deze laatste collegestichting aan de Oude Universiteit Leuven geen succes is geworden, hing samen met de tijdsomstandigheden. Er hebben nooit meer dan een dozijn jonge priesters tegelijk in het college verbleven, verre van de veertig-vijftig man waarover in de plannen gesproken werd. Een onvoldoende dotatie was daarvan de eerste oor-zaak. Misschien ook hadden niet zoveel afgestudeerden zin om na zeven jaar collegetucht in een even strenge instelling te gaan verblijven. Maar bovenal hebben de woelige jaren die begonnen onder regering van Jozef II, die snel overgingen in een revolutieperiode en die uitlie-pen op de sluiting van de Universiteit, elke groei onmogelijk gemaakt. Er hebben in het oorspronkelijke Veteranencollege meer soldaten dan theologen verbleven. Wellicht wordt het nu toch anders.

Literatuur

E. Poullet, *Sire Louis Pynnock, patricien de Louvain, ou un maïeur du XVe siècle*, Leuven, 1864. – *Een stad en een geslacht: Leuven en Croy*, Leuven, 1987. – A. Poncelet, *Histoire de la Compagnie de Jésus dans les anciens Pays-Bas*, 2 dln., Brussel, 1926. – E. Put e.a., *De jezuïeten in de Nederlanden en het Prinsbisdom Luik (1542-1773)*, Brussel, 1991. – F. Claeys Bouuaert, *L'ancienne Université de Louvain. Études et Documents*, Leuven, 1956. – E.J.M. van Eijl, 'La controverse louvaniste autour de la grâce et du libre arbitre à la fin du XVIe siècle' in M. Lamberigts (red.), *L'augustinisme à l'ancienne Faculté de théologie de Louvain*, Leuven, 1994, p. 207-282. – J. Roegiers (red.), *De kerk in het midden: 750 jaar parochieleven te Leuven*, Leuven, 2002. – J. Calbrecht, 'Het Seminarie Theologorum Veteranorum te Leuven', in *Mededelingen van de Geschied- en Oudheidkundige Kring voor Leuven en omgeving*, 14 (1974), p. 3-17 (vol fouten en misverstanden!). – J. Roegiers, *De Leuvense Theologen de Verlichting. Onderwijs, wetenschap, polemiek en politiek van 1730 tot 1797*, onuitgegeven dissertatie, Leuven, 1979, vooral p. 483-491. – S. Moens, *Het architecturale patrimonium van de oude universiteit Leuven in de 18e eeuw. Beeld van de Verlichting*, onuitgegeven licentiaatsverhandeling, Leuven, 1984. – J. Roegiers, 'Seminarie-Generaal en Seminarie-Filiaal (1786-1789/90)' in E. Aerts e.a. (red.), *De centrale overheidsinstellingen van de Habsburgse Nederlanden (1482-1795)*, Brussel, 1994, p. 958-967. – E. Reusens, *Documents relatifs à l'histoire de l'Université de Louvain (1425-1797)*, 5 dln., Leuven, 1881-1903. – A. Verhaegen, *Les cinquante dernières années de l'ancienne Université de Louvain (1740-1797)*, Luik, 1884. – J. de Kempeneer (ed.), *Leuvense Kroniek (1780-1829) van J.-B. Hous*, Heverlee, 1991. – *Annuaire de l'Université catholique de Louvain*, 1837-1968. – E. Lamberts en J. Roegiers (red.), *De Universiteit te Leuven 1425-1985*, Leuven, 1988. – Brussels Ontwerpbureau voor Architectuur, *Bouwhistorische vooronderzoeken van het Collegium Veteranorum uitgevoerd als voorbereiding voor het restauratieproject van dit monument*, Brussel, 2004.

Deze uitgave kwam tot stand bij de plechtige opening
van het gerestaureerde *Collegium Veteranorum*
Faculteit Godgeleerdheid
Katholieke Universiteit Leuven
Leuven, 1 juli 2009

Eindredactie
Leo Kenis

Vormgeving
Leo Kenis
Luc Knapen

Bijdragen
Lieven Boeve
Jan Roegiers

Medewerking
Zeljka Knezevic

Druk
Peeters

ISBN 978-90-429-2292-1

Deze uitgave werd mogelijk gemaakt door
Uitgeverij en Drukkerij Peeters, Leuven

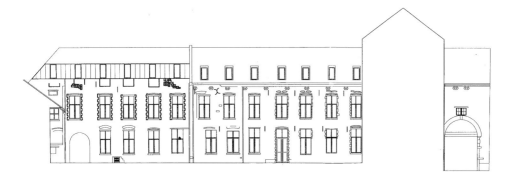